JN106368

学生のための ワークルール入門

アルバイト・インターンシップ・就活でトラブルにならないために

第6版

編著者
淺野高宏（北海学園大学教授・弁護士）
NPO法人職場の権利教育ネットワーク

著者
上田絵理（弁護士）
加藤智章（北星学園大学教授）
川村雅則（北海学園大学教授）
菅野淑子（労働保険審査会委員）
國武英生（小樽商科大学教授）
倉本和宜（弁護士）
迫田宏治（弁護士）
白 諾貝（弁護士）
林健太郎（慶應大学専任講師）
開本英幸（弁護士）

旬報社

はじめに
——バイトで泣かないためのお守りレシピ集

　多くの学生のみなさんにとって、最初の就労体験は、アルバイトでしょう。アルバイトをはじめることで、これまでとは違った発見や新しい人間関係が生まれ、自分自身の成長を実感できるという方も多いと思います。

　他方、職場では、学校と違い、自分と同じ年齢層の仲間だけでコミュニケーションをとるだけでは済まないことも多いでしょう。多様な年齢層の職場の同僚、上司、あるいは顧客と対応することが必要となります。多くの人たちと協働する体験は仕事の面白さを知る契機となります。また、喜びの源泉でもあります。ただ、ときとして職場内で軋轢（あつれき）が生じてしまい、思い悩む学生がいるのも事実です。

　その悩みの内容が、学業と両立ができないくらいヘトヘトになって必要な単位もとれないかもしれないとか、アルバイト先の先輩などからハラスメントを受けて精神的に病んでしまいそうといった場合には、すぐにでも次のアルバイト先を見つけることでトラブルから抜け出すのが合理的な行動ではあります。ただ、みなさんも想像してみてください。仕事は楽しい、職場の先輩や同年代のアルバイトとの人間関係も良好、家から職場も近く勉強とアルバイトを両立するには職場の立地も良い。けれど、店長の人の好さに流されて、ついつい頼まれ仕事を断り切れずサービス残業が多くなってしまっている。これだと労働時間に見合ったアルバイト料ももらえていないので、モヤモヤした気持ちばかりが募ってしまい、せっかくの人間関係まで壊れてしまいそうですね。あるいは、時折、店舗に巡回に来るエリアマネージャーの態度だけが問題（店長やアルバイトに対する指導態度が横柄で、気に食わない態度をとると激昂する）なので、仕事は続けたいけれど、エリアマネージャーの巡回日が近づくと働く意欲がわかなくなって辞めてしまいたくなるetc、このような経験をしている方は少なく

ないでしょう。こんなとき、アルバイトの立場では、何もいえず、我慢するか、辞めるかの二者択一しかないのでは、あまりにも悲しいですね。

　でも、みなさんが法的に正しい知識をもち、それを職場のみんなと共有できれば、法律に則った形で労働条件や職場環境をよりよく変えることも可能です。そのためには、学生のみなさん、一人ひとりが①モヤモヤする問題の正体を発見・認識し、②関連する法的ルールを把握し、③これを解決するための権利実現の手立てを知ることが不可欠です。これは、仕事を辞めずによりよい職場を実現するために必要なレシピを知ることだと言い換えることもできます。

　本書は、ワークルール教育の先駆者である道幸哲也北海道大学名誉教授の遺志を継ぐ、門下生を中心に執筆しました。執筆者は、小樽商科大学、北海学園大学、北星学園大学、慶応義塾大学などで労働法や社会保障法を教えている教員のほか、労働保険審査会委員を務めている学識経験者、さらに北海道で労働事件や労働相談を多く受け持っている弁護士によって構成されています。日頃から学生とふれあい、北海道内を中心とした労働紛争の実態をよく知る専門家が、学生が遭遇しがちなトラブル事例をもとにＱ＆Ａ方式で、わかりやすくワークルールを解説しているのが特徴です。

　ぜひ、本書をフル活用して、学生のみなさんが、ワークルールの知識を踏まえて行動できる能力を身に着けていただければと思っています。

［浅野高宏］

3

目次

賃金が求人票の額と違う

使用者には労働条件明示義務がある

　契約の内容が曖昧になっていると、トラブルの原因になりかねません。労働契約の内容については、できるだけ契約内容を書面で確認して、契約内容についてトラブルにならないようにしておくことが望ましいです。

　労働基準法は、「使用者は、労働契約の締結に際し、労働者に対して賃金、労働時間その他の労働条件を明示しなければならない。」と定めています（15条1項）。賃金などの重要な労働条件については、書面での明示も使用者に義務づけられています。書面で明示することが義務づけられているのは次の事項です。

①**契約はいつまでか**（労働契約の期間に関する事項【契約期間が5年を超える場合は、無期契約の転換に関する事項】）

②**契約期間が決められている場合、更新の基準はどうなっているか**

③**どこでどのような仕事をするか**（就業の場所及び従事する業務に関する事項【業務の変更の範囲を含む】）

④**労働時間、休憩、休日などがどうなっているか**（始業及び終業の時刻、所定労働時間を超える労働の有無、休憩時間、休日、休暇並びに労働者を2組以上に分けて就業させる場合における就業時転換に関する事項）

⑤**賃金がどのように支払われるか**（賃金〈退職手当及び第5号に規定する賃

金を除く。以下この号において同じ〉の決定、計算及び支払の方法、賃金の締切り及び支払の時期並びに昇給に関する事項）

⑥辞めるときどうなるのか（退職に関する事項〈解雇の事由を含む〉）

さらに、短時間・有期雇用労働者には、上記事項に加えて、⑦昇給の有無、⑧退職手当の有無、⑨賞与の有無について、文書の交付（労働者の希望があればファクス、メールでもよい）により、労働者に明示することを使用者に義務づけられています（パートタイム・有期雇用労働法6条）。

アルバイトをする際には、まずは書面で労働条件を確認するようにしましょう。使用者には、求人票や求人広告に誤解を与える記載をしないことや、労働者に対して労働条件を適切に説明することが求められます。

求人票の労働条件は、原則として労働契約の内容に

労働条件の明示との関係で問題となるのは、求人票などの労働条件と実際の労働条件が食い違う場合です。求人票にでていた労働条件が、実際とはまったく違っているというケースも見受けられます。

求人票記載の労働条件は、当事者間においてこれと異なる別段の合意をするなど特段の事情のないかぎり、雇用契約の内容になるものと解するのが相当であると判断されています（千代田工業事件・大阪高裁判決平成2年3月8日）。

労働条件通知書等の書面があれば、それをもとにそれどおりに契約内容を履行してくれるよう、アルバイト先と話をしてみましょう。同じ境遇の仲間がいるなら、仲間と一緒に話をしてみるのも賢い方法です。

話をしても対応してくれなければ、辞めることもひとつの選択肢です。明示された労働条件が事実と異なる場合には、労働者は即時に労働契約を解除することができます（労働基準法15条2項）。

真面目に働いているのに昇給がない

> **Q** アルバイトの雇用条件通知書に「昇給あり」と記載されています。1年半にわたって真面目にやってきましたが、昇給してくれる気配が全くありません。
>
> **A** 労働契約の内容と昇給の条件について確認してみるとともに、アルバイト先の上司や店長と話をしてみよう。

労働契約の内容を確認しよう

　まずは労働契約締結時に書面で労働条件を確認することが重要です。パートタイム・有期雇用労働法は、「昇給の有無」について事前に明示しておくことを求めていますので（パートタイム・有期雇用労働法6条）、昇給の有無は労働契約を締結する際に確認しておきたい事項です。書面を交付してくれない場合には、「労働条件通知書を書面でもらうことはできますか」と確認してみるといいでしょう。

　昇給制度の有無は、会社が決めることができます。昇給制度があるところもあれば、もちろん昇給のないところもあります。昇給制度を導入しているところは、明確な昇給基準を設けることで、パートやアルバイトの意思統率を図っているといえます。昇給制度を導入している場合には、どういう条件で昇給があるのか確認してみましょう。

　疑問に思う部分やよくわからないところについては、その点について質問をしてみるといいでしょう。お金のことを質問するのは失礼かもと思うかもしれませんが、労働条件の認識について食い違いがなくなるという意味では、自分にもアルバイト先にもむしろメリットです。法律も契約内容について説明することを会社に義務づけています（パートタイム・有期雇用労働法14条）。

上司や店長と
話をしてみよう

　ちゃんと働いてきたのに昇給の話がない場合には、どうしたら昇給できるのかを上司や店長などに聞いてみるといいでしょう。昇給に明確な基準があるのであれば、すぐに昇給はできずともそれに応じた働き方に変えてみることもできます。頑張って働いて昇給の基準をクリアーしたら、それを理由に昇給してほしいと話をすることができます。また、アルバイト先でもやる気があることを印象づけられるので、責任のある仕事を任されることもあるでしょう。

　アルバイトやパートという立場でも、正社員と同等の責任ある仕事を任されることもあります。上司や店長と話をしてみましょう。人間関係を作ることが社会人の一歩です。

昇給の差別は許されない

　昇給するかどうかについては、原則として使用者の裁量的な判断に委ねられています。ただし、賃金規程や就業規則などにおいて、一定の要件があれば裁量の余地なく昇給させると定めている場合には、要件を満たした段階で労働者には昇給分の賃金請求権が発生します。

　国籍や信条、性別等による差別や不利益取扱い等に起因して昇給しないことは違法となります。たとえば、同じアルバイトをしている人が昇給しているのに、自分だけが不当に昇給せずに据え置かれたなどの事実が認められる場合がこれにあたります。

通勤手当が支給されない

Q 正社員には通勤手当が出ているのに、アルバイトには通勤手当が支給されません。アルバイトに通勤手当がでないのは当たり前のことですか。

A 通勤手当が支給されるかどうかは契約によって決まります。ただし、正社員と同じ仕事をしている場合には、パートタイム・有期雇用労働法は差別的取り扱いを禁止しています。

契約の自由が原則

働く際の労働条件は、最低賃金法や労働基準法などの法律の定めに反しなければ、契約の自由が原則です。契約内容は当事者が自由に決められるのです。

通勤手当についても、通勤手当の支給が契約内容になっていればパートやアルバイトでも支給されます。全額支給のところや一定額以上は自己負担など、さまざまな契約内容があります。他方で、パートやアルバイトに通勤手当を支払わないという契約も基本的に有効です。

差別的取扱いの禁止

ただし、アルバイトやパートといっても、正社員とまったく同じ仕事をしている場合もあります。

短時間・有期雇用労働者の差別的取扱いは禁止されます（パートタイム・有期雇用労働法9条、均等待遇）。具体的には、①職務の内容が通常の労働者と同一の短時間・有期雇用労働者であって、②職務の内容および配置の変更の範囲が、雇用関係が終了するまでの全期間において、通常の労働者と同一と見込まれる者については、短時間・有期雇用労働者であることを理由として、基本給、賞与その他の待遇

のそれぞれについて、差別的取扱いをしてはならないと定めています。

また、不合理と認められる待遇格差についても是正が求められます（パートタイム・有期雇用労働法8条、均衡待遇）。事業主は、基本給、賞与その他のそれぞれの待遇について、通常の労働者および短時間・有期雇用労働者の①職務の内容（業務の内容および当該業務に伴う責任の程度）、②職務の内容および配置の変更の範囲、③その他の事情のうち、当該待遇の性質および目的に照らして適切と認められるものを考慮して、通常の労働者および短時間・有期雇用労働者の間に不合理と認められる相違を設けてはならないと定めています。

このように、正社員と同じ仕事をしているのに、パートや有期労働契約であることを理由に賃金を低く抑えたり、手当がもらえないといった場合には、待遇の是正が求められています。

事業主には説明義務がある

事業主には、短時間・有期雇用労働者の待遇について説明義務が課されています。短時間・有期雇用労働者を雇い入れる際には、講ずる雇用管理の措置の内容を説明しなければなりません（パートタイム・有期雇用労働法14条1項）。また、短時間・有期雇用労働者から求めがあった場合には、正社員との待遇差の内容や理由などについて、事業主は説明しなければなりません（同条2項）。説明を求めたことを理由とする不利益取扱いは禁止されます（同条3項）。

> **Q** バイトのシフトを勝手に組まれてしまい、大学の授業や試験に支障が出ています。これって仕方ないことなのでしょうか。
>
> **A** 契約で働く時間や曜日を設定した場合、約束していない日時に労働するように使用者が一方的に命じることは原則できません。

シフトは契約で決まっている

　シフトは、ある時間枠について働くことを労働者と使用者が合意することによって決まります。ですから働く時間枠をいったん合意した場合、それは契約となりますので、労働者も使用者も約束したシフト編成を守る義務が生じます。とくに学生の場合、授業に出たり、試験を受けて単位を取得することは学業を修めるにあたって欠かせないことです。したがって、学生をアルバイトとして雇用する場合、使用者も学業の妨げとならないように配慮する必要があると言えます。ですから、当初予定していなかったシフト編成を強制することは労働契約違反とみなされる可能性があります。また、契約を締結した時点で、試験休みについて使用者が了承していた場合には、約束に従って休みを取らせないことも労働契約違反と言えます。

労働条件を確認することが最初の一歩

　学生アルバイトであれば黙っていても使用者が授業出席や試験期間にシフトを組まないよう配慮してくれるかと言えば、それほど甘くはないのが現実です。契約を結ぶ最初の段階で、使用者に授業の時間帯や試験期間がいつからいつまでかということを伝えたうえで、その時間帯や期間はアルバイトができないということをはっきり伝えることが重要です。それに加えて、使用者から示される労働条件

通知書や労働契約書にきちんと要望が反映されているかどうかをチェックし、交付された労働条件通知書や労働契約書はきちんと保管しておきましょう。しかし現実には、シフトについての要望が文書ではなく口約束で済まされてしまう場合もあります。学生のほうでも何月何日の何時に使用者側の誰（たとえば店長など）と会って、どのようなシフトの要望をしたのか、また使用者側がこれを了承したのかどうかについて、しっかり記録しておくことが肝要です。

店長にどのように話せばよいか

学生アルバイトの立場で、使用者に物申すというのは勇気がいることでしょう。ただ、当初約束したシフトをきちんと守ってくれないかもしれないと感じたときには、できるかぎり早めに「勉強もあるので、契約したシフト以上に勤務するのは難しいです」「単位を落として留年するリスクは取れないので、試験休みはとらせてもらいますので調整お願いします」といった話をしておくことが重要です。

シフト強要なんて実際にあるの？

シフト編成の問題は、「学生バイト、あるある」の典型だという声が学生から多く寄せられます。昨今の人手不足の状況から、約束以上の仕事をさせられることは日常茶飯事であるとも言われます。こうした現状を変えていくためには、使用者や同僚スタッフと適切にコミュニケーションを取り、契約内容がきちんと守られるように話し合える関係を作ることが何より重要です。厚生労働省も「いわゆる『シフト制』により就業する労働者の適切な雇用管理を行うための留意事項」(2022年) で、使用者が労働関係法令等を踏まえて適切な雇用管理に努めるよう注意を促しています。話し合いが難しいならば、一人で悩まずに大学の相談窓口や労働基準監督署や労働局の総合労働相談コーナー、さらには弁護士等の専門家が実施している無料相談を活用し、支援を得ながら解決を図っていくことも必要です。

時間外労働させられる

Q 決められたバイトの時間を過ぎても、人手が少ないなどの理由で残されてしまい定時に帰してもらえません。どうしたらよいでしょう。

A 契約で働く時間を設定した以上、定時を過ぎて働く義務は原則としてありません。また法定の上限を超えてアルバイトを働かせる場合、使用者は特別な手続きを踏む必要があります。

働く時間は契約で決められる

　契約で働く時間を設定した以上、定時を過ぎて働く義務は原則としてありません。もし使用者が労働者に対し定時を過ぎて働かせようとする場合には、労働契約や就業規則等で残業を命じることがあるということを記載しておく必要があります。また、残業が労働基準法32条の法定労働時間（1日8時間、週40時間）を超えてしまうならば、使用者と勤務している職場（事業場）の労働者の代表者（過半数を組織する労働組合あるいはそうした労働組合がない場合には従業員の過半数の代表者）との間で労使協定（36協定〈さぶろくきょうてい〉）を締結し、法定労働時間を超えて働かせる時間を定めたうえで所轄の労働基準監督署長に届出る義務があります。こうした事前の取決めや労使協定の締結がなされていない場合には、労働者は残業する義務はありません。

残業には2種類ある

　ここで留意しておくべきなのは、一般に残業と呼ばれるものには2種類あるということです。一つは法定労働時間を超えて働いた時間であり、もう一つは法定労働時間の範囲内であるが所定労働時間を超えた時間（たとえば、所定労働時間は7時間の場合に、7時間を超えて8時間までの1時間）のことです。前者は法定労働時間外の労働時間であり労

働基準法はこれを時間外労働として扱い、使用者に対して割増賃金の支払いを義務づける（37条）など一定の規制を行っています。他方、後者は法内残業と呼ばれており法定労働時間の範囲内であるため、36協定の締結・届出や割増賃金の支払いは労働基準法によって義務づけられてはいません。ただし、法内残業については、働いている以上、通常の労働時間の賃金（さきほどの例で言うと、1日の法定労働時間までの1時間分の時間単価）を支払う必要があることは当然です。

休日労働にも2種類ある

休日労働についても同じことがいえます。法定休日というのは法律で週1回付与すべきとされている休日のことですので、たとえば土日を休日と定めて週休二日制を採用している会社では、土曜日か日曜日のいずれか一方が法定休日、もう一方は会社が設けた所定休日ということになります。所定休日に労働させる場合には、当該労働が週40時間労働の範囲内にある場合（所定労働時間が1日7時間の会社において土曜日5時間出勤した場合など）には36協定の締結・届出や割増賃金の支払いは不要となります。もちろん、所定休日に働いた時間に見合う通常の労働時間の賃金の支払いが必要です。

サービス残業を強いるのは違法行為

定時を過ぎて働いた分の給料を支払わないといったサービス残業を強いることは、働いた時間に対応する賃金は全額支払われなければならないという賃金全額払いの原則（労働基準法24条）や法定の労働時間を超えて働かせた場合に使用者に割増での賃金の支払いを義務づけている割増賃金規制（同37条）に違反します。こうした残業代不払いについては、まずは店長や先輩に話して是正してくれるよう要請し、それでもらちが明かないようであれば、労働基準監督署に相談するのがよいでしょう。

タイムカードを押した後も仕事させられる

Q 勤務終了時刻を過ぎてから、店長から店の後片付け等の残務処理を指示されることがあります。この残務は、タイムカードを押してから行うよう店長から指示されているので、労働時間としてカウントされず、残業代は支払われません。きちんと働いた分は賃金を支払ってもらいたいです。

A 使用者には労働時間を適正に把握管理して、発生している割増賃金を余すところなく支払う義務があります。タイムカードを押した後であっても店長から指示された仕事をした場合、賃金を支払ってもらうことができます。

労働時間の適正把握管理義務

　厚生労働省は「労働時間の適正な把握のために使用者が講ずべき措置に関するガイドライン」（平成29年1月20日付基発0120第3号）を策定して、使用者に労働時間の適正管理を求めています。このガイドラインでは、把握されるべき労働時間とは、使用者の指揮命令下に置かれている時間のことをいい、使用者の明示または黙示の指示により労働者が業務に従事する時間は労働時間に当たるとされています。そのため、①使用者の指示により、就業を命じられた業務に必要な準備行為や業務終了後の業務に関連した後始末を事業場内で行った場合、②使用者の指示があった場合には即時に業務に従事することを求められており、労働から離れることが保障されていない状態で待機等している場合、③参加することが業務上義務づけられている研修や教育訓練の受講、使用者の指示により業務に必要な学習等を行っていた場合、はいずれもこれらに要した時間が労働時間にあたるとされています。

タイムカードを押してからでも
労働すれば労働時間になる

　大切なことは、労働時間かどうかは使用者の指揮命令下に置かれていたかどうかを客観的に判断して決めることになるということです。ですから、タイムカードを押した後に仕事をしても労働時間とはみなさないというルールを会社が決めたり、そのルールを承諾すると労働契約書に記載されていたとしても、実際に使用者の指示を受けて業務に従事した以上、その時間は労働時間と扱われます。

労働時間の切り捨ては原則許されない

　また、労働時間の切り捨ても問題になります。たとえば、16時47分に始業のタイムカードを打刻して店の開店準備をしていたにもかかわらず、賃金計算上の始業時刻は17時とされてしまうケースがよくあります。これは15分未満の労働時間は切り捨てるという労働時間把握の方法ですが、原則として賃金は1分単位で把握し賃金を支払わなければなりませんので、不適正な取り扱いです。

残業時間には割増で賃金が支払われる

　店長から残業を命じられたために、1日8時間を超えて残業を行った場合、使用者は以下の表にある割増率で割増賃金を支払う必要があります。たとえば、時給が1200円だと仮定すると、1時間の残業につき1500円が支払われることになります。

	割増率	深夜労働と重複する場合
時間外労働	25％以上増	50％以上増
休日労働	35％以上増	60％以上増
深夜労働	25％以上増	

シフト強要、残業代未払いトラブル

私はある大手のコンビニでアルバイトとして勤務しています。採用面接では、私は大学の授業や試験のことを考えて、普段は週2回深夜時間帯のシフトで勤務し、定期試験前の3週間は試験勉強に集中したいので休みたいという希望を出しました。店長は、「勉強熱心だね。希望どおりの条件で良いですよ」と仰ってくださり、無事、採用されました。ところがアルバイトをはじめて2、3週間経ったころに違和感を感じ始めました。

深夜帯のシフトは22時から翌朝8時までなのに、定時である8時にあがれないのです。棚の商品整理などを終えなければ帰宅してはいけないことになっていました。アルバイトスタッフもギリギリの人数なので、シフトの転換（終業）時刻より20分ほどオーバーすることが常態化していたのです。そればかりか、オーバー分の給与が支払われたことはありません。先輩のアルバイト社員からは「朝はレジが忙しいため、アルバイトスタッフとの連携や助け合いが必要」と言われており、まだ新人の私などが、定時で帰宅したいとか、せめて残業代を支払って欲しいと言い出すのは気が引けてしまいます。

また今は1学期も終了間近で大学の定期試験が迫ってきました。周囲の友人も試験休みに入り、そろそろバイトのシフトを調整し試験に備えようと、唯一の社員（正社員）に相談すると「今時期はアルバイトが休みがちで忙しいので試験休みなんかは無理」と言われ、試験休みどころか、先輩アルバイトで休んだ人の分のシフトに入るよう指示される始末でした。

それに、休憩時間に休憩に入れないのは日常茶飯事なのですが、店長や先輩アルバイトで話し合って、毎日しっかり休憩時間を取得できているという報告を本部にしているため、休憩時間を削って働いた分の給与は出ません。これでは、あんまりではないでしょうか。会社にはしっかり法律を守って経営をして欲しいです。

［北海学園大学法学部3年生 女性］

休憩が取れない

Q 店が忙しすぎて、休憩を取ることができません。休憩が取れたとしても、お客さんの入り具合によって、休憩を早めに切り上げなければならないこともあります。アルバイトがしっかり休憩とるのは無理なのでしょうか。

A アルバイトに対しても、労働時間が一定の時間を超える場合には、使用者は労働から完全に開放された休憩時間を与える義務がありますので、業務の忙しさに応じて休憩時間を切り上げさせたり、休憩時間中に業務をさせるのは休憩時間付与義務違反になります。

休憩時間のルール

まず休憩時間に関する労働基準法上のルールを確認しましょう。使用者は、労働時間が6時間を超える場合は最低45分、8時間を超える場合は最低1時間の休憩を労働時間の途中に与えなければなりません（34条1項）。使用者は、正社員だけではなく、派遣社員、パート・アルバイトに対しても、労働基準法に規定されている休憩時間付与義務を負っています。したがって、アルバイトが6時間を超えて勤務する場合に、休憩をとることができないというのでは、使用者は休憩時間付与義務を果たしていないことになります。

なお、休憩は労働時間の「途中」に与えなければならないので、始業時間直後や終業時刻直前に休憩を与えることはできません。また、休憩時間は労働者が自由に利用できるものでなければなりません（34条3項）。ですから、休憩時間の利用に関して使用者は正当な理由もないのに口を差し挟むことは許されません。そのため休憩時間中の外出も原則として自由であり、使用者が外出について一定の制約を加える場合（届出制など）には合理的理由が必要です。さらに休憩時間には同僚に気兼ねなくリフレッシュできるように、原則として休憩

は一斉に与える必要があります。もっとも一斉休憩が困難な事業や事業場の労使協定で例外を定めた場合は別の取扱いが可能です。

休憩時間中は仕事をする義務はない

　学生から、店が忙しく休憩がとれないという話をよく聞きます。しかし、使用者には労働時間が6時間を超える場合、労働時間の途中で労働者に休憩を与えなければならず、労働者は休憩時間中に仕事を命じられても、これに従う義務はありません。もし休憩時間中にも仕事をしたのに、休んだことにして賃金を差し引かれていた場合には、使用者は賃金全額払いの原則違反として責任を問われます。

労働から完全に開放されていることが保障される必要がある

　休憩時間でよく問題になるのは、たとえば休憩時間とされている時間に来客や電話などがあれば対応しなければならないが、そうした事情がないかぎりは休んでいてよいとされている場合に、使用者は休憩時間を付与したことになるのかという点です。こうした時間は通常の業務よりも労働密度が薄いものの、業務の必要に応じて対応することが義務づけられていますので、労働から完全に開放されているとはいえません。そのため、こうした時間は手待時間と呼ばれ、休憩時間ではなく労働時間として扱われます（すし処「杉」事件・大阪地裁判決昭和56年3月24日）。

どう対応すべきか

　休憩が取れていないのにもかかわらず、休憩を取ったことにされ、賃金が休憩時間分不足して支払われている場合には、法的には不足分の賃金を請求することができるので、タイムカード等に正確な休憩時間を記録しておくようにしましょう。

［淺野高宏］

Q 試験前に「有給休暇を取りたい」と店長に言ったところ、店長から「アルバイトに有給休暇はない」と言われてしまいました。有給休暇は正社員の人しか取得できないのでしょうか。

A アルバイトであっても一定期間、一定の出勤率で勤務することで年次有給休暇を取得する権利が与えられます。

年次有給休暇のルール

　まず年次有給休暇（年休と略称されたり、有給と呼ばれたりしています。以下では年休といいます）とは、休んでも賃金が支払われる休暇のことです。年休を取得する権利は、以下の表のように原則として雇入れの日から6ヶ月間継続勤務し、全労働日の8割以上出勤した労働者に、法律上の権利として当然に発生します（労働基準法39条）。

継続勤務年数	6ヶ月～	1年6ヶ月～	2年6ヶ月～	3年6ヶ月～	4年6ヶ月～	5年6ヶ月～	6年6ヶ月～
付与日数	10日	11日	12日	14日	16日	18日	20日

　年休は、正社員に限らず、パート、アルバイト、派遣社員等にも当然に与えられるものです。もっとも、年休日数については、週所定労働時間30時間未満であり、かつ、週所定労働日数が4日以下（週以外の期間によって所定労働日数を定める労働者については年間所定労働日数216日以下）の労働者については、次頁の表のように労働時間に比例して付与されます（労働基準法施行規則24条の3）。

表［比例付与］

週所定労働日数	1年間の所定労働日数	雇入れ日から起算した継続勤務期間（単位：年）						
		0.5	1.5	2.5	3.5	4.5	5.5	6.5以上
4日	169日〜216日	7日	8日	9日	10日	12日	13日	15日
3日	121日〜168日	5日	6日	6日	8日	9日	10日	11日
2日	73日〜120日	3日	4日	4日	5日	6日	6日	7日
1日	48日〜72日	1日	2日	2日	2日	3日	3日	3日

　また、年休を行使する場合に、使用者の承認は不要です。したがって、労働者が時季を指定して年休を取得したいと申し出た場合、原則として使用者はその時季に年休を与える義務があります。ただし例外としてその時季に「有給休暇を与えることが事業の正常な運営を妨げる場合」には、使用者は時季変更権を行使して労働者の請求を拒否することができます（労働基準法39条5項）。もっとも、使用者が時季変更権を行使できる場面は限定的で、たとえば、代わりのアルバイトを配置しようとすればできるのに、この配置を怠るような場合には、使用者は時季変更権を行使することはできないと考えられています。

　さらに、年休は自由利用が原則です（白石営林署事件・最高裁判決昭和48年3月2日）。自分や家族の病気、子の学校行事のほか、休養、旅行、バカンスなど、自由な目的で活用することが可能です。

具体的な取得にあたっての留意点

　もっとも、アルバイトでも年休が付与されるということを、使用者が知らないことも少なくありません。そこで無用な争いや混乱を避けるためにも、年休を取得する際は、事前に余裕を持って申請し使用者と協議して調整していくという工夫が必要でしょう。

　また年次有給休暇を取得する権利は、2年以内に行使しないと消滅してしまいます（労働基準法115条）ので、その前に積極的に消化することが大切です。

［淺野高宏］

私は個別指導塾の講師として1年半ほどアルバイトをしていました。基本給は授業70分に10分の教室運営を合わせた80分につき1420円でした。また、それとは別に授業準備給として1日あたり800円が支払われていました。

しかし、実際にはこれ以外にも労働時間がありました。授業が終わった後、生徒を見送るために一定の時間がかかりましたし、業務後に生徒の様子などを日報に記入しなければならなかったからです。授業が21時20分に終了した後、塾を出るのは22時頃でしたが、これらの余剰分の業務に対して給与は支払われていませんでした。

また、講師は欠勤する場合、代行する講師を自分で探すように言われていました。かなり事前に予定がわかっている場合でも同様で、どうしても代行者が見つからない場合のみ社員が探すことになっていました。講師はアルバイトの大学生がほとんどだったため、自分の大学の試験等を理由に代わってほしいとは言いづらい環境でした。

さらに、「これからの教室を良くするには」と題する講師のミーティングが行われた際には、社員から、「そんな考え方ではいけない」、「この塾で誰の点数を何点上げたか、自信を持って言えるのか」、「私は人を集める力があるといわれるが、その反面人を辞めさせる方法も知っている」等と言われました。私はその場ではなんとか対応しましたが、翌日からの社員の態度には明らかに違和感があり、ストレスを感じるようになったため、結局辞めてしまいました。

このような会社側の一連の対応は、学生アルバイトの労働に関する知識のなさにつけ込んだものであると感じました。

学生アルバイトは軽く見られがちです。学生であっても、労働者として、まずは自分の権利について知るべきです。そして権利が侵害されたときは声をあげる、与えられた権利を行使する態度をとるということを心がける必要があると考えます。

［北海道教育大学教育学部札幌校3年 男性］

授業以外の仕事に賃金が支払われない

> **Q** 塾で講師のアルバイトをしています。塾講師の仕事には、授業以外にもテキスト作成、事前の質問対応、講師陣会議などもあります。ところが、授業以外の時間に対する賃金は支払われていません。これらの時間に対する賃金は支払われないのでしょうか。
>
> **A** アルバイト先から指示されて業務を担っている授業時間以外の時間も、労働時間に該当しますので、賃金は支払われます。

労働時間とは

　労働時間は、使用者の指揮命令が及んでいる時間のことをいいます。そのため、労働者と使用者の間で労働時間として取り決めた時間だけではなく、使用者の指揮命令が及んでいる時間であれば労働時間にあたります。

　たとえば、開店準備時間や閉店のための片付けの時間なども指揮命令が及んでいますので、労働時間に該当します。

　設問のテキストの作成、事前の質問対応、講師陣の会議はいずれもアルバイト先からの指揮命令による業務です。ですから、たとえアルバイト先との間で授業の時間のみを労働時間とする取り決めをしていても、テキスト作成等の時間も労働時間に該当しますので、その時間に対する賃金も支給されなければいけません。

労働時間をどのように主張するか

　授業時間以外の時間についても賃金を請求するためには、何時間労働したかを特定する必要があります。

　アルバイト先にタイムカードがあり、出勤時間や退勤時間が記録

されている場合にはその時間に対応する賃金の請求をすることができます。タイムカードがない場合には、出勤時間や退勤時間を裏付けるための証拠を確保することが必要になります。たとえば、退勤する際に、家族や友人へメールを送信していた場合、その送信時間を退勤時間の記録にしたり、退勤時にLINE等へ投稿し、その投稿時間を記録にすることも一方策です。また、労働者が、日々、手帳に記録をしていくという方法もあります。

手帳に記録する場合には、以下のような方法が一例になります。

日付	始業時間	終業時間	業務内容
2月1日	17時	21時	17時から17時30分：生徒の質問を受ける 17時30分から19時：授業 19時から19時30分：生徒の質問を受ける 19時30分から21時：講師陣ミーティングをした
2月2日			バイト休み、サークル
2月3日	17時	21時30分	17時から17時30分：生徒の質問を受ける 17時30分から19時：授業 19時から19時30分：生徒の質問を受ける 19時30分から21時30分：テキスト作成会議

出退勤時間に加えて、業務内容も記録しておくと、労働時間を主張していく際の役に立ちますので、メモを残しておきましょう。

いつまで請求できるの

アルバイト先を辞めてしまっていても未払い賃金を請求できますが、一定の期間、請求をしないでいると賃金請求権を失います。これを消滅時効といいます。従来は、賃金の消滅時効は2年間とされていました（労働基準法115条）が、労基法改正により賃金請求権（退職金を除く）の消滅時効が5年間に延長されました。もっとも、当分の間は、賃金請求権の消滅時効期間は「3年間」とされています。なお消滅時効が延長されるのは、2020年4月以降の支払分からです。

販売ノルマが達成できないと買い取らされる

ノルマ未達の場合に買い取りを指示できるか

クリスマスケーキ、おせち、恵方巻き、土用の丑の日のうなぎなどの商品について、アルバイトに販売ノルマを課し、ノルマが達成できなければ、買い取りを指示するというケースがあるようです。

使用者が、労働者に対し、責任感を持たせるために営業目標としてのノルマを課すこと自体は違法ではありません。しかし、ノルマの達成ができなかった場合に買い取りを命じることは、使用者が労働者に一定の売上を保証することまで命じるものといえます。このような命令は、使用者がアルバイトに行う指示や命令の範囲を超えますので、使用者が買い取りを命じる業務命令は違法になります。

バイト代から未達成分を差し引くことはできるか

賃金は、労働基準法上、全額が支払われなければならないと定められています（賃金全額払いの原則、24条）。そのため、ノルマ未達成分をバイト代から差し引くということや、罰金を課して天引きすることも、賃金全額支払いの原則に違反することになるため、違法になります。

この場合どうしたらいいか

ノルマ未達成があったとして、買い取りを求められた場合でも、買い取りに応じる必要はありません。買取りに応じないことを理由に、解雇などの不利益な取扱いをすることは違法です。もし、不利益取扱がなされたら、弁護士会や法テラスの法律相談を利用したり、大学の学生部などに相談してみましょう。

また、バイト代からノルマ未達成分を差し引かれた場合には、その分バイト代が未払いになっていますので、賃金支払請求をすることができます。請求する場合には、いくらの賃金が未払いか計算できるように準備しておいた方がよいでしょう。給与明細に天引きされた金額が明記されていれば、給与明細で金額が確認できます。給与明細上明らかでない場合には、労働時間がわかる資料、ノルマ未達成分とされた金額がわかる記録やメモを残しておいてください。

さらに、バイト代からノルマ未達成分を天引きすることは労働基準法に違反する行為ですので、使用者の天引き措置を是正させるために、労働基準監督署に是正指導を求める申告をすることも考えられます。

［上田絵理］

レジの会計が合わないと弁償させられる

Q コンビニでバイトをしています。先日、店長から、レジの会計が合わないから、合わない金額について担当シフト全員のバイト代から差し引いて弁償してもらうことにしたから、と言われました。

A 使用者が一方的に労働者の賃金から弁償金を差し引くこと自体、許されず、レジの会計が合わない場合に連帯責任で賠償させることもできません。

労働者の賃金から弁償金を 差し引くことはできない

　労働基準法上、賃金はその全額が支払わなければならないという原則（賃金全額払いの原則、労働基準法24条1項本文）が規定されています。したがって、たとえ、使用者が労働者に対して何らかの請求権を有していたとしても、一方的に賃金から差し引くことは許されません。なぜなら、労働者は、使用者から支払われる賃金を生活の糧にしていることから、労働者の生活の安定を図るためにそのように取り扱うのが相当であるとされているためです。

　設問では、使用者が一方的に、バイト代からレジの会計が合わない部分を差し引いており、このような使用者の対応は、賃金全額払いの原則に反し無効です。

連帯責任と取り扱われること自体不当

　また、レジの会計が合わないことが労働者側のミスに起因するということであれば、信義則上相当と認められる限度において、賠償を求められる場合もあり得るでしょう【▶ p.29】。しかし、設問では、まったくミスを犯していない者も含めて連帯責任とされており、こうした使用者側の対応は明らかに理由がありません。

バイトで皿を割ったら賠償を求められる

Q レストランで皿洗いのバイトを始めました。先日、先輩から、バイト先のレストランでは、皿が割れたり、欠けたりすると1枚につき一律500円を賠償しなければならないルールになっていることを教えてもらいました。このルールに従わなければならないのでしょうか。

A 使用者は労働者との間で、皿が割れたり、欠けたりしたときに賠償を求める契約をしてはなりません。労働者が皿を割るなどしたときに使用者は労働者に賠償を求めることはできますが、その範囲は限られます。

あらかじめ賠償責任を定める
取り決めは無効

設問では、皿洗いをしているなかで、皿が割れたり、欠けたりすると1枚につき一律500円を賠償しなければならないルールがあるようです。

しかし、労働基準法上、労働契約の不履行について違約金を定め、または損害賠償額を予定する契約は無効とされています（16条）。

賠償を求めることができる範囲は限られる

では、労使間の取り決めがないとして、使用者が労働者に対し、皿が割れたり、欠けたりした場合に1枚につき500円の賠償を求めた場合、この使用者側の請求は有効なものとして取り扱われるでしょうか。

まず、労働者のうっかりミスによる過失の場合、使用者は労働者に賠償を求めることはできません。それ以外の場合であっても、最高裁（最高裁判決昭和51年7月8日）は、労働者が仕事上のミス等により使用者に損害を与えた場合、その損害を賠償する責任を負うことが

あるが、その際に労働者が賠償すべき金額は、損害の公平な分担という見地から、信義則を根拠として減額されるとしています。

すなわち、最高裁は、「使用者が、その事業の執行につきなされた被用者の加害行為により、直接損害を被り又は使用者としての損害賠償責任を負担したことに基づき損害を被つた場合には、使用者は、その事業の性格、規模、施設の状況、被用者の業務の内容、労働条件、勤務態度、加害行為の態様、加害行為の予防若しくは損失の分散についての使用者の配慮の程度その他諸般の事情に照らし、損害の公平な分担という見地から信義則上相当と認められる限度において、被用者に対し右損害の賠償又は求償の請求をすることができるものと解すべきである」としています。

「損害の公平な分担」とは、使用者と労働者のどちらにどれだけの損害を負担させるのが妥当なのかを調整すべきであるという考え方です。使用者としては、労働者に一定程度損害を負担させるのだとしても、その請求は信義に従い誠実に行わなければならない（これを「信義則」といいます）ということなのです。

使用者としては、業務上皿を何度も使い回すことが予定されていることからすると、割れにくい耐久性に優れた皿を導入したり、元々値段の安い皿を導入したりするなど、損害を分散する措置をとることは十分に可能であったといえます。しかも、業務上皿を何度も使い回すことが予定されていることからすると、一定程度の頻度で、皿が割れたり、欠けたりすることも当然織り込んだうえで、業務を運営すべきといえます。

したがって、仮に、使用者側の請求が許される場合があるのだとしても、相当程度限定された金額にとどまるものと考えられます。

さらに、最高裁（福山通運事件・最高裁判決令和2年2月28日）は、労働者が負担すべき部分を超えて損害の賠償に応じた場合、使用者に対して、逆に弁償を求めること（逆求償）も認めています。こうした最高裁の判断をみても、労働者のミスについて、態様いかんにかかわらず、使用者が一律で賠償を求めるルールというのは、社会的にみて相当性がないと言えるでしょう。

まあ、あるよね、こんなこと

アルバイトと聞くと、面倒だとか、ブラックが怖いだとかネガティブな印象を受ける方がほとんどではないでしょうか。ブラックバイトという言葉が一般化してからは、そういった風潮がより一層強まったように感じます。

私もシフトの融通がききにくいアルバイトをしており、面倒だけど賃金を得るため仕方なく、という姿勢で働いていました。しかし、最近では約4年という長いアルバイト経験のなかで、確実な収穫があったと感じています。その一つは、さまざまな場面においてあまり動じず対処できるようになったことです。

アルバイトは、想定外の連続であるといっても過言ではありません。たとえば、クレームに対応したり、突然耳に馴染みのない言語で注文されたりすることもあるのです。そんなとき、ただ戸惑うだけというわけにはいきません。誠心誠意謝罪の姿勢を見せる、聞き取れなければ筆記してもらうなど、その場に応じた対応が求められます。ほかにも、たとえば客として会計を済ませるためレジ前の列に並んでいて、思いのほか列の進みが遅くそわそわしてしまう、ということがあると思います。しかし、一度自分がレジ打ち初心者を経験すると、不思議なことに悠然と待つことができるのです。

また、独自の話題を持つことができるというのもアルバイトによる収穫だと思います。周りの友人がみんな同じアルバイトをしているわけではありません。仲間とおのおのの経験を語らう時間もまた、かけがえのない楽しいひとときになります。

アルバイトをしているときに、想定外の場面はたくさんあると思います。しかし、そうした思わぬ場面に遭遇した時、さまざまな経験を積み重ねることで、ふ、と肩の力を抜いてとりあえず一言、こう言える気がするのです。「まあ、あるよね、こんなこと」。

［小樽商科大学商学部4年 女性］

31

制服を自費で購入させられる

Q アルバイト先から、「制服は自費で購入して下さい。」と指示をされました。1着3万円くらいする制服で、できれば貸与してもらいたいのですが、購入しなければならないのでしょうか。

A 作業に必要な用具を労働者の自己負担とするためには「労働者と使用者の合意」が必要です。

　労働基準法では、「制服」などの「作業に必要な用具の費用」を労働者に負担させることが、禁止されているわけではありません。しかし、何の根拠もなく労働者に負担をさせることができるわけでもなく、使用者と労働者との間で、「制服等の作業用品について、自費で購入をする」という合意が成立している必要があります。

合意は「明示しなければならない」とされています

　使用者には、労働契約を締結する際に、労働者に対して、「負担させるべき食費、作業用品その他に関する事項」を「明示しなければならない」義務があるのです（労働基準法15条1項、同法施行規則5条）。

　ですから、労働契約を締結するにあたり、あらかじめ制服の自己負担について明示され、説明を受けたかがポイントです。

　働き始めた後から、合意をしていない「制服代」を請求されたような場合には、「そのような合意をしていないこと」、「そのような合意がある場合には、使用者は、それを明示しなければならないとされていること」をきちんと伝えるべきでしょう。

　制服以外の「作業用品」についても同じです。

就業規則の規定が「合意」と同様になる場合

使用者が、労働条件を「明示」する方法としては、「労働契約書」や「労働条件通知書」を交付する方法が一般的ですが、就業規則に規定をしてその就業規則を交付することでもよいとされています。

就業規則とは、常時10人以上の労働者がいる事業場で作成が義務づけられている「職場のルール」で（労働基準法89条）、使用者が合理的な労働条件が定められている就業規則を労働者に周知させていた場合には、それが労働契約の内容となるとされています（労働契約法7条）。

「制服代を労働者の負担とする」ということが就業規則に規定され、その規定の内容が「合理的」で、「周知」もされていると認められる場合には、就業規則の規定が、使用者と労働者の「労働契約」の内容となることで、「合意」をしていたのと同じように評価され、支払義務があるとされる場合があります。

もっとも、負担額が給与と比較して高額過ぎたり、必要な範囲を超えて労働者に負担を求めるような規定については、合理的とはいえず支払義務は認められません。

給料から勝手に「天引き」は違法

制服を自費で購入することについて合意があったとしても、その費用を勝手に給料から「天引き」することは、労働基準法の「賃金は、直接労働者に、その全額を支払わなければならない」という原則（賃金全額払いの原則、24条1項本文）に反して違法になります。

職場の労働者の過半数で組織する労働組合（これがなければ過半数の労働者の代表）との間で書面協定（賃金控除協定、労働基準法24条1項但書）を締結しておく必要があります。この書面協定は周知することになっていますので（同106条）、確認してみましょう。

［倉本和宜］

「無茶振り」な仕事をさせられる

> **Q** 「法学部の学生だから」という理由で、内容もよくわからないクレームの対応をさせられそうです。アルバイトとはいえ、「仕事」なので、断ることはできないのでしょうか。
>
> **A** 仕事の内容は「労働契約」の内容で決まります。事前に雇用（労働）契約書や労働条件通知書の内容をみて、「どのような仕事」をするのかの確認をしておきましょう。

　労働者に、どのような仕事をする「義務」があり、どのような仕事をする「義務がない」のかは、労働契約の内容によって定められます。労働契約のなかで、従事すべき業務について「接客、清掃」と定められているにも関わらず、取引先に対するクレーム対応を指示されたような場合には、「約束をした業務と違う業務」であるということを理由に、断ることができるでしょう。

「雇用（労働）契約書」と「労働条件通知書」

　雇用（労働）契約は、民法で定められた典型契約（有名契約ともいいます）で、申込と承諾があれば口頭でも成立します。

　他方で、使用者は、労働契約を締結する際に、「賃金、労働時間その他の労働条件」を明示しなければならないとされており（労働基準法15条）、多くの会社では、「労働条件通知書」を交付することにより労働条件が明示されています（通知が義務づけられた事項が記載された雇用〈労働〉契約書や、就業規則を交付することでもよいとされています）。

　「就業の場所」と「従事すべき業務」は、「労働契約の期間に関する事項」、「休憩時間、休日に関する事項」、「賃金の決定、計算及び支払の方法に関する事項」と並んで、使用者に明示が義務づけられた労働条件です（労働基準法施行規則5条）。

「どのような仕事」をするのかを確認しておく

「アルバイトで時給もそれほどもらっていないのに、正社員と変わらないような仕事をどんどん押し付けられる」というようなトラブルや、逆に「『アルバイトだから』という理由で、元々やってもらいたいと思って雇い入れた仕事も断られてしまう」という使用者からの苦情もあり、働き始める前に、「仕事の内容」を労働者と使用者の双方が確認をしておくことが重要です。

使用者から明示された「従事すべき業務」の内容が、曖昧な書かれ方をしていて「どのような仕事をするのか」がよくわからないような場合には、事前にきちんと確認をしておきましょう。

関係書類をきちんと保管しておこう

従事すべき業務の内容以外にも、働き始めた後から、「最初の約束」と違うというトラブルはよく起きるトラブルです。「言った、言わない」という争いを避けるためにも、労働条件は書面で確認をし、その書面はきちんと保管をしておくようにしましょう。

トラブルとなる事案では、アルバイト情報誌などの「採用募集」に書かれた条件と、労働契約書や労働条件通知書に書かれた条件、実際に働いていた条件がそれぞれ違っていることなどもあり、関係書類がなくなってしまっているために、具体的な労働契約の内容を判断できないこともあります。

労働契約書や労働条件通知書だけでなく、「採用募集」の関係書類や、給料明細などの実際に働くなかで受け取る書類なども、きちんと保管をしておくとよいでしょう。

> **Q** アルバイト先の店長は、「仕事は『目』と『体』で覚えろ」が口癖で、働き始めてから、仕事の内容をきちんと教えてもらったことがありません。研修やレクチャーなども当然ないので、失敗をすることも多く、失敗をするととてもひどく怒られます。どうすればよいのでしょうか。

> **A** 最低限の「仕事の覚え方」、「仕事の進め方」を教えずに仕事を命じ、失敗したことを強く責めるような場合には、「いじめ・嫌がらせ」と評価される場合もあり得ます。

　仕事の覚え方、進め方は、労働者によっても「覚えやすい覚え方」、「進めやすい進め方」がそれぞれ違っていて、一律に「このように教えるように」ということを請求できるものでもありません。

　しかし、最低限の「仕事の覚え方」、「仕事の進め方」を教えないままに仕事を命じ、失敗をするとそれを強く糾弾するような行為は、「いじめ・嫌がらせ」として、損害賠償請求の対象となる可能性があります。

事前に「仕事の覚え方」、「仕事の進め方」を確認しよう

　「仕事の覚え方」や「仕事の進め方」については、労働者の側が「基本的なことも教えてもらえない」という悩みを抱えていることもありますが、使用者の側でも「メモも取らずに何度も同じことを聞いてくるなど、基本的なことも覚えようとしてくれない」という悩みを抱えていたりすることがあります。

　仕事を始める前に、仕事を進めるために最低限必要となる知識や方法について、「誰から」「どのように」教わるのかを確認しておく

ことで、双方の認識の行き違いを減らすことができるでしょう。

「教えないこと」が嫌がらせと 評価される場合も

仕事を進めるために最低限必要となる知識や方法を教えずに仕事を命じた場合、労働者は、その仕事をすることができなかったり、大きな失敗をしてしまったりするでしょう。

そのような、教えていないのだから「できなくて当然」という仕事を命じて、それができないことや失敗をしたことについて、「ひどく怒る」行為は、場合によっては労働者の人格権を侵害する「いじめ・嫌がらせ」と評価される可能性があります。

どのような状況であれば、「いじめ・嫌がらせ」という評価までされるかは、仕事の内容や、労働者の側が、どのような「教え方」を求めて、どのように「覚えようとしていたのか」、使用者が「どのような怒り方をしたのか」など、多数の事情を考慮して判断されます。

「教えてくれない」のか 「覚えてくれない」のか

「何も教えてくれない」という労働者の主張と、「何も覚えてくれない」という使用者の主張がぶつかり合うこともあります。

客観的な評価ができない場合も多く、難しい問題ですが、他の同僚などがどのように仕事を覚えたのかなども参考にして、「いじめ・嫌がらせ」として仕事を教えてくれていないのか、労働者の側がより積極的に「覚え方」を工夫することを求められているのかを見極める必要もあるかもしれません。

［倉本和宜］

Q 店長から「おまえは大学に行っているのに、常識がない。まったく使えない。給料泥棒だ」などとひどいことを言われました。ちなみに私、遅刻や早退はなく、無断欠勤など絶対にしません。いたって真面目に働いているのに、これからどうすればいいでしょう。

A もしそれほど大きな失敗もせず、店長の指示に従って働いているにもかかわらず、そのような酷いことを日常的に言われ続けているとしたら、あなたは店長からハラスメント（嫌がらせ）を受けているといっていいでしょう。

パワーハラスメントを受けたら

　あなたが受けているハラスメントは、パワーハラスメントと呼ばれることがあります。上司あるいは同僚などから、意地悪なことを言われる、無視される、理由なく仕事を妨害される、暴言を吐かれる、暴力を振るわれるなど、いわゆるいじめにあうことです。もし、仕事に行くたびにそんな目にあっているとしたら、一刻も早く、各都道府県労働局に設置されている相談窓口（雇用環境・均等部〈室〉）に相談することをお勧めします。相談の秘密は守られますし、お金もかかりません。これからどうすればいいかアドバイスをもらえますし、あなたが希望すれば会社との間に入りあなたに代わって交渉をしてくれます。

　ひどいことを言われて辛かった気持ちが思い出され、食欲がない、夜もよく眠れない等ということはありませんか。もしそんな状態になっているなら、早急に心療内科を受診してください。

　あなたが受けているハラスメントによって、あなたの人間としての尊厳が傷つけられています。これを人格権、あるいは人格的利益

といいます。たとえ目に見えないものが傷つけられたのであっても、傷つけた人はその責任を負うことになっています（民法709条）。

パワーハラスメントとは

　今日では、パワーハラスメントについて独自の法規定が設けられました。労働施策総合推進法は、パワーハラスメントを「職場において行われる優越的な関係を背景とした言動であって、業務上必要かつ相当な範囲を超えたものによりその雇用する労働者の就業環境が害されること」と定義したうえで、事業主に対してパワーハラスメントを防止するために雇用管理上必要な措置を講じることを法律上義務づけ、労働者がハラスメントに関して事業主に相談したこと等を理由とする不利益取扱いを禁止する等パワーハラスメント防止対策を法制化するに至っています（労働施策総合推進法30条の2）。裁判においては、パワーハラスメントによる心身の不調や死亡を労働災害と認定する、パワーハラスメントによって損なわれた損害を加害者当人に賠償させる（民法709条）、加害者を雇用している使用者も責任を負う（民法715条、415条）といったやり方で紛争を解決しています。

　パワーハラスメントとなる行為は多様です。厚生労働省の指針（令和2年1月15日厚生労働省告示第5号）では、暴行・傷害等（身体的な攻撃）、脅迫・名誉棄損・侮辱・ひどい暴言（精神的な攻撃）、隔離・仲間外し・無視（人間関係からの切り離し）、業務上明らかに不要なことや遂行不可能なことの強制、仕事の妨害（過大な要求）、業務上の合理性なく、能力や経験とかけ離れた程度の低い仕事を命じることや仕事を与えないこと（過小な要求）、私的なことに過度に立ち入ること（個の侵害）、が例示されていますが、これらに該当しないケースもありえます。いずれにせよ、パワーハラスメントは被害を受けている人の働く意欲を低減させるだけでなく、精神疾患を発症させ、時には生きる意欲さえも奪ってしまうことがあります。人を自死に追い込むこともあるパワーハラスメントがいかに恐ろしい行為であるか、多くの人に認識していただきたいものです。

セクシュアルハラスメントにあった

> **Q** バイト先の先輩からしつこくデートに誘われ、断ると、無視されて仕事を教えてもらえなくなりました。店長に相談しても「面倒なことは困る」と言って、何もしてくれません。先輩と顔を合わせるのは嫌なのですが、バイトは辞めたくありません。どうしたらいいでしょう。
>
> **A** あなたの先輩の行為はセクシュアルハラスメントです。さらに、あなたのケースでは、先輩を雇っている店長にも責任があります。

行為者にも使用者にも責任がある

　あなたの先輩がしていることは、セクシュアルハラスメント（性的嫌がらせ）とされる行為です。先輩が、デートの誘いを断られた後にあなたの就業環境を害するような嫌がらせ（無視、仕事を教えない）をして、実際にあなたの就労に支障が生じているのですから、それは後で説明する環境型のセクシュアルハラスメントとであるといってよいでしょう。

　行為者にセクシュアルハラスメントについての責任があることは言うまでもありませんが、あなたのケースでは、先輩を雇っている店長（使用者）にも責任があります。使用者は、雇い入れている労働者の労働環境に配慮する義務を負いますし（職場環境配慮義務）、労働者が他者への人権侵害等をした場合には、その損害賠償をする責任を負います。面倒だからといって、知らん顔はできないのです。店長にもう一度相談して、先輩と一緒に働かなくてもよいシフトに変更するなどの対応をしてもらえない場合には、各都道府県の労働局にある雇用環境・均等部（室）に相談してみることをお勧めします。

セクシュアルハラスメントとは

　誰とどのような関係を持つかは、自己決定すべき事項です（性的自己決定権、憲法13条）。その自己決定を妨げるセクシュアルハラスメントは、許されない行為であるといえます。

　セクシュアルハラスメントには2種類あります。「職場において行われる性的な言動に対する労働者の対応により当該労働者がその労働条件につき不利益を受けるもの」を「対価型セクシュアルハラスメント」、「当該性的な言動により労働者の就業環境が害されるもの」を「環境型セクシュアルハラスメント」といいます（平成18年厚生労働省告示615号）。解雇、降格、減給等の具体的不利益が出ていれば対価型、具体的不利益は出ていないが就業環境が害されていれば、環境型のセクシュアルハラスメントになります。

　環境型のセクシュアルハラスメントの事例として有名なのは、福岡セクシュアルハラスメント事件（福岡地裁判決平成4年4月16日）です。職場の内外で上司に異性関係などに関わる噂をばらまかれた女性が、会社に相談してもきちんと対応してもらえず、挙げ句の果てに女性の方が退職を余儀なくされたという事案で、裁判所は、上司のした行為は「人格権の侵害」にあたり、また使用者である会社も職場環境を調整するよう配慮する義務を怠ったとして、両者に損害賠償責任を認めています。

　毎年、厚生労働省から発表されている「都道府県労働局雇用環境・均等部（室）での法施行状況」では、雇用環境・均等部（室）への相談件数の最多がセクシュアルハラスメントであることが明らかにされています。働く女性たちを最も悩ませているのがセクシュアルハラスメントであり、就労継続を阻害する要因のひとつだと言えます。職場においても、性別に関わりなく互いを尊重する態度が大切であることを、あらためて肝に銘じる必要があるでしょう。

［菅野淑子］

労働時間や働く場所に制約がある

> **Q** 私は日本の大学に通う外国人留学生です。本国からの仕送りだけだと厳しいので、アルバイトをしようと思っているのですが、留学生はアルバイトをすることができるのでしょうか。
>
> **A** 「資格外活動許可」を受けることによって、1週間に28時間までアルバイトをすることができます。でも、パチンコ店、スナック、キャバクラ、バーなどの風俗関連のアルバイトはできません。

基本的には日本人と同じ法律が適用される

留学生であっても、もちろんアルバイトをすることはできます。労働基準法、労働契約法や最低賃金法など、基本的には日本人と同じ法律が適用されます。

しかし、外国人であるがゆえに、出入国管理及び難民認定法（以下「入管法」といいます）などによる制限を受けることになりますので、どこまでも自由にアルバイトができるわけではありません。

「資格外活動許可証」が必要

日本の大学や語学学校で勉強するために来日している外国人は、「留学」という在留資格を得る必要があります。留学生は勉強が本分であり、働くために日本に来ているのではないと考えられていますので、「留学」の在留資格は、原則として「就労できない在留資格」とされています。もっとも、留学中における学費その他の必要経費を補うために、勉学・研究を妨げない範囲内で、アルバイトをすることは例外的に認められています。アルバイトをするためには、管轄の入国管理局へ資格外活動許可申請を行い、「資格外活動許可」を取得することで、所定の範囲内でのアルバイトが許可されます。

原則として1週間に28時間まで

「資格外活動許可」を受けたからといって、無制限にアルバイトが
できるわけではありません。まず、就労可能時間は、原則として1
週間に28時間までです。この28時間には、所定労働時間だけでなく
残業時間も含まれますので、残業や急なシフトを頼まれたときには、
28時間を超えることになるかどうかの注意が必要です。また、複数
のアルバイト先でかけ持ちをする場合には、もちろんすべての就労
先を合算して28時間までという理解になります。

なお、夏休みなどの学則で定める長期休業期間には、就労可能時
間は1日につき8時間まで、かつ1週40時間までと緩和されます。

風俗関連のアルバイトは認められません

このように、留学生の就労可能時間には上限があるので、時給単
価の高いアルバイトは人気です。パチンコ店、スナック、キャバク
ラ、バーなどの風俗関連のお店は比較的時給単価が高いので、仕送
りが少ない留学生にとっては魅力的なアルバイト先かもしれません。

しかし、留学生は、これらのお店でアルバイトをすることはでき
ません。しかも、仕事の内容にかかわらず、働くことを禁じられて
いますので、たとえば、キャバクラ店の裏方での皿洗いや掃除であっ
ても、アルバイトしてはいけないことになります。

罰則は厳しい

就労時間や就労先に関する規制に反すると、いわゆる不法就労を
したことになり、懲役や罰金の刑事罰が科せられることもあります
し、在留資格の更新や変更が許可されないこともあります。実際に、
これまでの刑事弁護活動で、罰金、退学、退去強制の運命をたどっ
た人もいました。目先の利益にとらわれないでほしいものです。

大けがをしたが治療費を払ってもらえない

Q 時給1200円でレストランのホール係としてアルバイトをしていました。ある日、スープ皿を落としてしまい、右足に10針縫う大けがをしました。治療のため総額3万円を支払ったほか、30日間勤務をすることができませんでした。先輩が言うには、医療費を払う必要はないし、勤務できなかった期間に対応するバイト代も保障されるということです。本当でしょうか。また、このけがによる欠勤を理由に解雇されることはありませんか。

A 労働者が仕事中または通勤中に負傷した場合、労災保険の給付を受けることができます。労働者であれば、正社員・契約社員・アルバイト・パートなどの区別なく、また労働時間の長短にかかわらず、労災保険は適用されます。仕事中のけがであれば、基本的に医療費の自己負担はありませんし、けがのために働けなくなれば休業補償も支払われます。

使用者が災害補償責任を負う

使用者は災害補償責任を負うものとされており、この責任を果たすために労災保険法（正確には、労働者災害補償保険法）が存在します。このため、労働者を1人でも雇い入れている使用者は労災保険に加入しなければなりません。

保険料は使用者が全額負担しますから、労働者が労働災害のための保険料を負担することはありませんし、使用者が労災保険の保険料を支払っていない場合でも、保険給付を受けることができます。

どのような給付を受けることができるか

仕事中のけがが業務災害と認められると、その療養に要する費用

は全額、療養補償給付として支払われます。被災労働者は医療費を払う必要はありません。したがって、医療費として3万円を負担したとしても、業務災害と認められれば、3万円は返還されることになります。

　また、業務災害で働けなくなった場合、賃金の8割に相当する額、具体的には、賃金の6割に相当する休業補償給付と2割に相当する休業特別給付金が支給されます。この休業補償は働けなくなった4日目から支給されます。補償額は、けがをした労働者の直近3ヶ月間で得ていた賃金を実労働日数で割った平均賃金を基準とします。なお、2020年9月1日以降、複数のアルバイトをしている場合、アルバイト先全ての賃金額を合算して補償額が算定されます。

労災保険給付を受けるには

　労災保険給付を受けようとするときは、会社の所在地を管轄する労働基準監督署の署長あてに所定の書類を提出しなければなりません（労働者災害補償保険法施行規則12条等）。これらの書類には、使用者（負傷または発病の年月日、災害の原因および発生状況）や診療担当者（傷病名および療養の内容、療養に要した費用の額）が証明しなければならないものがあります。しかし、使用者の協力が得られなくとも、業務災害の申請をすることはできます。

仕事を続けられるか

　労働基準法19条1項は「労働者が業務上負傷し、又は疾病にかかり療養のために休業する期間及びその後30日間は解雇してはならない」と定めています。このため、レストランの使用者は、治療のために休業した30日間に続く30日間を加えた期間、解雇することはできません。また、その後の解雇についてもけがをしたために解雇するのは正当な理由はないと言えるでしょう。

辞めたいなら代わりを連れてこいと言われた

Q アルバイト先の店長に「辞めたい」と伝えたところ、「辞めたいなら代わりの人を連れてきて」と言われてしまい、困ってしまいました。代わりの人を連れてこなければいけないのでしょうか。

A 連れてくる必要はありません。労働者は一定の手続きを踏まえれば、基本的に、自由に辞めることが許されています。

辞めるかどうかは自分自身が決めること

　労働者には、どこで働くかについて選択する自由が認められています（憲法22条参照）。したがって、現在働いているところを辞めるかどうかについても、基本的には自由です。使用者がこうした自由を不合理に奪ってしまうようなことは許されません。

　設問では代わりの人を連れてくることを求められていますが、そもそも代わりの人を見つけるのは店長（使用者）の責任です。「辞められると困る」「無責任だ」といったことを言われても、それを真に受ける必要はありません。また、労働契約に「辞める場合には代わりの人を連れてくること」という趣旨の規定があっても、この規定は不当に労働者を拘束するものとして無効です（民法90条）。

実際に辞めるためには
―労働契約の「期間の定め」を確認する―

　労働者は自由に仕事を辞めることができるとしても、辞め方には若干のルールがあります。その際、労働契約の契約期間＝「期間の定め」がどのようになっているかによって違いがあります。

　まず、「期間の定め」がとくにない場合、労働者は2週間前（14日前）に「辞める」旨を申し入れることで、いつでも辞めることがで

きます（民法627条）。この場合、この期間の満了により労働契約は終了しますので、使用者の「承諾」も不要です。辞めなければならない理由くらいは説明しなければならないかもしれませんが、その理由はどのようなものでも構いません。説得する必要はないのです。

　他方で、「期間の定め」がある場合には多少異なります。この場合、契約は期間の満了により終了するのが基本です（したがって、契約期間満了時に辞めることはなんら問題ありません）。これに対し、期間の途中で辞める場合には「やむを得ない事由」が必要となります（民法628条）。しかし、学業や就職活動との両立ができない状態にあるなどの場合には、「やむを得ない事由」があると言えるでしょう。また、本書で説明されているような法律違反が認められるような場合には「やむを得ない事由」があると言えます。

辞めるための方法

　辞める方法に関してはポイントがあります。「辞めたい」といった使用者の同意を求めるような言い方だけでは、設問のように不合理なことを言われてすぐに辞めることができないといった事態を招く可能性があります。「辞める」ことを決心したのであれば、「辞めます」といった強い意思を示すことが肝要です。また、口頭で言うのではなく、書面で申し出た方が確実でしょう。この場合も、「退職（辞職）願」といった同意を求めるような表現ではなく、「退職（辞職）届」として、辞める意思を強く示すことが重要です。

［林健太郎］

バイト先の店長から「辞めろ」と言われた

Q バイトで初めて小さなミスをしてしまいました。即座にミスを謝りましたが、店長からは「明日から来なくてよい」と言われてしまいました。しかし、バイト収入のみで生活をやりくりしており、辞めると生活に困ってしまいます。黙って店長に従わなければならないのでしょうか。仮に辞めなければならないとしても、次のバイト先が見つかるまでの生活費はなんとかならないのでしょうか。

A 辞める必要はありません。また、辞めるとしても、一定期間、手当が支払われます。

「解雇」は自由にはできない

　「解雇」とは、使用者が一方的に労働契約を中途解約する行為であり、それが労働者の生活に与える影響から、一定の場合でなければ行ってはならないこととされています。大学生アルバイトに多く見られる「期間の定めのある労働契約」の場合、使用者は「やむを得ない事由」がなければ解雇できません（労働契約法17条1項、民法628条）。この「やむを得ない事由」は、使用者から何度も注意を受けていながら従わなかったなどの労働者側に重大な非が認められるような場合でないかぎり、認められません。

「解雇」するにあたってのルール

　そもそも、使用者が「解雇」をするためには、少なくとも「30日前」までに「解雇の予告」をしなければならないことになっています。この「予告」がなされない場合、使用者は「予告」がされない期間分の平均賃金を支払うこととなります（「解雇予告手当」。労働基準法20条1項本文）。

「解雇」が法的に認められないとしても、もう元のアルバイト先に戻りたくない、あるいは戻ろうと思っても戻りにくい、と思うかもしれません。その場合には、「解雇予告手当」の支払いを受け、次のアルバイト先を見つけることができます。

さらに、不当な嫌がらせを受けてなされた「解雇」については、訴訟を提起して、裁判所によって「不法行為」（民法709条）と評価されれば、損害賠償を求めることができる可能性もあります。

設問のように不本意な形で辞めることを求められた場合、自分のされた行為が「解雇かも…」と思ったら、まずは労働基準監督署等に設置されている総合労働相談コーナーに相談してみましょう。

雇用保険制度を利用する

労働者が仕事を失ってしまった場合に失われた生活費を保障する制度として、雇用保険制度があります。この制度は、原則として、昼間に大学で学ぶ学生は利用できませんが（雇用保険法6条1項4号）、休学中の大学生や夜間部に通う大学生、通信教育を受けている学生や夜間の定時制高校に通う高校生などは利用できます（ただし、週20時間以上勤務している等の条件を満たす必要があります）。

雇用保険制度を利用するための手続きは、基本的に、居住地を管轄する公共職業安定所（ハローワーク）で行うことになります。仕事を失ってしまった場合、まずは公共職業安定所に問い合わせてみましょう。

［林健太郎］

Q インターンシップは、仕事を知るよい経験にはなるのですが、正社員と同じような仕事をしたり、残業をしたりもしているのに、賃金が全然もらえないのが納得できません。無報酬のインターンに応募した自分が悪かったんでしょうか。

A インターン生であっても、労働基準法9条の労働者に該当し、賃金を請求できる場合があります。

インターンシップ制度とは

　インターンシップとは、広く大学生が行う「就業体験」のことをいいます。学生にとっては、自分の専門分野に新たな学習意欲がめばえたり、自分の職業適性や将来設計について考え、高い職業意識が育まれたりするきっかけとなります。また、企業側にとっても、学生が就職後に実践的な能力を発揮するだけでなく、学生との接点が増えることにより、企業や業界の実態について学生の理解を促す契機となるといったメリットがあります。

　ある新卒就活サイトの調査によると、サイトに登録している大学生の9割近くがインターンの経験が必要だと回答し、7割超の学生は実際にインターンに参加したことがあると回答するなど、就活の現場ではインターンが広く普及しているのが現状です。

インターン生の労働者性

　インターンシップの期間には、1日から数週間、数ヶ月といった種類があります。そして、報酬や経費が支払われるかどうかという条件面も、それぞれのインターンによってマチマチです。

　しかし、インターン生が労働基準法9条の「労働者」に該当する

場合は、労働関係法規が適用され、報酬や経費の請求が可能となる可能性があります。

　行政通達（旧労働省平9.9.18基発636）では、「インターンシップにおいての実習が、見学や体験的なものであり使用者から業務に係る指揮命令を受けていると解されないなど使用従属関係が認められない場合には、労働基準法第9条に規定される労働者に該当しないものであるが、直接生産活動に従事するなど当該作業による利益・効果が当該事業場に帰属し、かつ、事業場と学生の間に使用従属関係が認められる場合には、当該学生は労働者に該当するものと考えられる」としています。

インターン生が「労働者」に該当する場合

　インターン生が労働基準法9条の「労働者」に該当する場合は、賃金などの労働条件について、労働基準法や最低賃金法等が適用されることとなります。

　具体的には、インターン生が企業との間で報酬や経費を支払わない約束をしていたとしても、最低賃金法に沿った最低賃金の請求ができます。残業を命じられても、36協定がなければこれを拒否することができますし、インターン中の業務でけがをしたときは、労災保険給付を受けることもできるといえます【▶p.45】。

面接で健康について聞かれた

> **Q** 採用面接では、応募者の健康状態について質問されることがあると聞いています。私には持病があるのですが、日常生活やデスクワークにはまったく影響がありません。それでも、質問をされたら持病をありのまま答えなければならないのでしょうか。
>
> **A** 業務と関係がない健康状態について質問されても、応募者がこれに回答しないことは許されます。

採用の自由

　憲法上、企業には営業の自由 や財産権が保障されていることから、企業は「採用の自由」を有しているといえます。つまり、企業は、どのような者をどのような条件で採用するかを、原則として自由に決められるのです。

　ただし、性による採用差別の禁止 、一定比率以上の障害者雇用などのように、労働者の保護や人権擁護の目的から、例外的に法律による制限が設けられています。

採用時の質問事項

　企業が応募者の合否を判断するためには、各応募者についての判断材料が必要です。企業は、「採用の自由」に基づいて、職業上の能力・技能や、労働者としての適格性に関連した事項について調査や質問をすることが原則として認められます。しかし、能力や適格性とは無関係な事項や、応募者の人格的尊厳・プライバシーを強く侵害するような事項について調査や質問をすることは許されません。

　厚労省は、就職の機会均等を図るため、企業が応募者に対して、次

のような適性に関係のない事項を応募用紙等に記載させたり面接で尋ねたりしないよう、注意を促しています。

○**本人に責任のない事項**（本籍・出生地、家族、住宅状況、生活環境・家庭環境に関すること）

○**本来自由であるべき事項**（宗教、支持政党、人生観、生活信条、尊敬する人物、思想、労働組合・学生運動といった社会運動、購読新聞、雑誌、愛読書に関すること）

健康状態についての質問

　企業は、応募者の健康状態について、能力や技能、適格性に関係する範囲内で質問をすることが可能です。しかし、健康情報は、応募者の人格的尊厳やプライバシーに関するものともいえますので、企業は、回答を拒否しても不利益には扱わないという告知をするとか、または応募者の同意を得るとかしなければ、質問は許されないといえます。

　このため、就職にあたって関係ないと思う健康情報について問われたとき、応募者としては「プライバシーに関わるので回答しかねます」などとして、この質問に答えないことも可能です。

　ただ、そのような質問に対する回答を拒否するという面接態度に企業が不快感を抱くことがありますので、「就職、就労に影響のある持病はありません。」と答える対応も可能でしょう。さらに、場合によっては、質問された過去の健康情報が、現在就労するにあたって支障がないことを積極的に説明しなければならない場面もあるでしょう。

　このように、健康状態に関する質問をめぐっては、デリケートな問題があります。応募者としては嘘をつかず、また企業の心証を悪化させないよう、その対応についてさまざま工夫をする必要があるといえます。

Q 第1希望の会社から内定が出たのですが、運悪く入社前研修とゼミの卒業研究発表の日が重なってしまいました。会社の総務部に事情を説明したら、「入社前研修は強制ではない」と言われたので参加しなかったのに、後日これを理由として内定が取り消されてしまいました。こんな内定取消は許されるんでしょうか。

A 入社前研修の不参加を理由とする内定取消は無効です。

採用内定とは

　企業が採用内定を出すと、企業と応募者との間に労働契約が成立します。法的には、企業の求人募集（これを労働契約の「誘引」といいます）に対して、応募者が「申込み」を行い、企業がこの申込みを「承諾」することで労働契約が成立します。この「承諾」が、採用内定にあたります。

　新卒の求人の場合、採用内定によって成立する労働契約は、「解約権留保就労始期付き」であるとされます（大日本印刷事件・最高裁判決昭和54年7月20日）。「解約権留保」とは、相当な理由があれば解約できる、つまり内定を取り消せるという意味です。また、「就労始期」とは、労働契約は採用内定時点で成立するが、実際に働きはじめるのは入社日からとする、という意味です。

　まだ働きはじめていない採用内定段階であっても、労働契約が成立していると解釈することによって、内定取消を解雇に準じて取り扱うことができます（労働契約法16条）。そうすることで、内定者の立場を保護しようとしているのです。

内定取消はどのような場合に許されるのか

　内定取消は、「採用内定当時知ることができず、また知ることが期待できないような事実」であって、解約権留保の趣旨に照らして「客観的に合理的と認められ社会通念上相当として是認することができる」事由がないと許されません（前掲大日本印刷）。この事由とは、具体的には次のようなものです。

①卒業不能

②誓約書・履歴書への不実記載

③健康診断に基づく就労不適格

④人員の余剰

⑤従業員として不適格な事由が判明したこと

　裁判例では、④や⑤のケースが争われています。たとえば、面接時の陰気な印象を打ち消す材料がその後出なかったことを理由とする内定取消は無効とされています（前掲大日本印刷）。一方、デモ参加で逮捕されたことを理由とする内定取消は有効とされています（電電公社近畿電通局事件・最高裁判決昭和55年5月30日）。

入社前研修の義務づけは許されるのか

　採用内定によって、企業と内定者との間には「就労始期」付き労働契約が成立したにすぎません。これが意味するのは、入社前研修が就労開始日より前に行われる以上、企業が内定者らに参加を義務づけることは許されない、ということです。また、入社前研修への参加が任意だと言われていても、参加しなかった内定者に内定取消等のペナルティが科される場合は、実質的に義務づけているのと同じですから、やはり許されません。

　設問のように、本来義務づけが許されない入社前研修への不参加を理由とした内定取消は、解約権留保の趣旨に照らして、客観的に合理的な理由とはいえませんので、無効といえます。

Q 第1志望の会社も含めて3社から内定をもらいました。残り2社の内定を辞退しようと考えているのですが、問題ないでしょうか。友人から、内定辞退をしたら損害を賠償しろと言われたとか、他の会社の内定を辞退するよう強要されたりしたとかという話を聞いたので、不安です。

A 相当期間前に予告さえしていれば、内定辞退は違法となりません。

「オワハラ」とは

　近年の売り手市場の中、「就活終われハラスメント」、通称「オワハラ」が社会問題化しています。「オワハラ」には、企業が内定や内々定を出すことと引き換えに他社の内定辞退を迫ったり、他社への就職活動に行けないように面接や入社前研修の日程を入れたり、内定時に書かせた誓約書に基づき入社を迫ったりといった、いろいろなタイプがあります。

　しかし、行き過ぎた「オワハラ」は職業選択の自由（憲法22条1項）を侵害する違法な行為といえます。第1志望の会社に入社するために、毅然とした対応が要求される場面もあるでしょう。

内定辞退の法的性質

　採用内定により、企業と応募者との間には労働契約が成立しますので【▶p.54】、内定者が内定を辞退することは、労働者側からの労働契約の解約、すなわち退職を意味します。

　退職について、民法は、「当事者が雇用の期間を定めなかったときは、各当事者は、いつでも解約の申入れをすることができる。この

場合において、雇用は、解約の申入れの日から2週間を経過することによって終了する。」と定めています（民法627条1項）。

　この条文によると、内定者が内定を辞退したい場合には、遅くとも就労開始日（入社予定日）の2週間前までに伝えればよいことになります。とはいえ、内定の辞退は、企業の採用活動に影響を及ぼすものですから、仮に内定を辞退することを決めたのであれば、できるだけ早く企業に伝えるべきでしょう。

　内定の辞退は口頭で伝えれば十分ですが、企業から「直接会って言うべき事柄なので、会社に来るように」等と言われ、他社の内定辞退を強要されそうなときなどには、書面を郵送して内定を辞退することを伝えるのもよいでしょう。

企業からの損害賠償請求

　内定辞退をした場合、企業が迷惑を被ったとして損害賠償請求をされることも考えられます。しかし、入社予定日の2週間前までに内定辞退の意思表示をすれば、内定辞退は違法ではありませんので、企業からの損害賠償請求は認められません。

　さらに、現実問題として、内定辞退が入社予定日の直前になった場合であっても、企業からの損害賠償請求は、法的には難しいと思われます。求人のために企業が経費を負担したとしても、これが内定者の内定辞退によって生じた「損害」であるとまではいえません。また、内定者の入社前研修にも経費が掛かりますが、内定者に入社前研修への参加を義務づけることはできませんので【▶p.55】、これを「損害」ということもできません。

　もし、内定辞退をしたことで、企業から損害賠償請求をされたとしても、はっきりと拒絶すべきでしょう。

学生アルバイトの実態 —アンケートから見えてくるもの

1　パンデミックが露わにした、大学生と アルバイトの切っても切り離せない関係

　新型コロナウイルス感染症（以下、コロナ）の拡大は、学生アルバイトからも就労の機会を奪い、彼らの学費や生活費の捻出を困難にしました。学生たちが大学生活を送る上でアルバイトは必須であり、両者は切り離せない関係であるという事実が皮肉にもコロナで証明されたのです。もっとも、大学の授業料が高い私費負担で成り立っているのは、世界共通の現象ではありませんから、まさに「パンデミックが僕らの文明をレントゲンにかけている」（パオロ・ジョルダーノ『コロナの時代の僕ら』早川書房）と言えるでしょう。

　さて、コロナ以前から、基幹労働力としての働きが期待されているその一方で、何らの「備え」もなく仕事の「世界」に入っていく彼ら学生アルバイトたちは、様々なトラブルを経験していました。

　私のゼミでは、こうした現状を2011年から学生と一緒に毎年調べて『アルバイト白書』（以下、『白書』）にまとめ、関係者に問題提起しています。コロナの感染症法上の位置付けが5類に移行した2023年の調査では、ワークルールが学生たちにどのくらい知られているかにも焦点をあててみました。368人（昼間部280人、夜間部88人）のデータをみていきます。ことわりがない限り、昼間部の学生の結果です。調査結果の詳細や『白書』バックナンバーは、北海道の労働情報を配信しているウェブサイト＝北海道労働情報NAVIで確認してください（https://roudou-navi.org/）。

2　調査にみる学生アルバイトをめぐる問題

ワークルールを知らぬままに働き始めている

　読者の皆さんは、初めてアルバイトを経験したのはいつになりますか。本学では、「高校生」という回答が昼間部の学生で27.9%、夜

間部では47.7%でした（残りは「大学1年生」がそれぞれ62.5%、47.7%など）。

　本書の直接のテーマではありませんが、「子どもの貧困」が指摘されて久しい日本では、学費や生活費のために働く高校生も少なくありません（NHKスペシャル取材班『高校生ワーキングプア──「見えない貧困の真実」』新潮社）。経済的な支援が急がれる課題ですが、同時に、アルバイトを早くから始める若者へのワークルール教育の必要性がここから示唆されます。

　しかしながら、高校の授業ではそういった教育はあまり行われていないようです。私たちの調査で、現在ワークルールを「知っている（「よく知っている」、「まあ知っている」）と回答した者にどこで／どのように知ったかを複数回答可で尋ねたところ、「高校の授業を通じて」を選択したのはわずか8.1%に過ぎませんでした。多かったのは、「大学の授業を通じて」が57.8%、「アルバイト経験を通じて」が43.4%でした。

　このような状況ですから、大学入学後からアルバイトを始めた学生も含め、最初のアルバイト開始時には、合計で約8割がワークルールを「知らなかった」と回答しています（「あまり知らなかった」が51.1%、「全く知らなかった」が27.1%）。何らかの対応が必要です。

　ちなみに、「現在」はどうでしょうか。ワークルールを知っているかを尋ねると合計で約6割が「知っている」という状況にまで改善されていました。ただ、その「知っている」の内実は検証が必要です。

ワークルールの遵守状況と学生側の認知状況
──知っていると権利行使の距離

　例えば、有給休暇制度に関する質問への回答をみてみましょう。学生アルバイトでも有給休暇を取得出来ることはおおむね知られているものの（「よく知っている」が42.1%、「まあ知っている」が37.9%）、では、自分のアルバイト先で、学生アルバイトが有給休暇を使用できるかを聞くと、「わからない」が46.1%で、「使用できない」も15.0%となり、「使用できる」は38.6%にとどまりました。ここ数年、同じよう

な結果が調査で示されています。ワークルールを知ることと職場で使える／守らせることとの間に乖離がみられる、といえるでしょう。

　同じようなことは、例えば、(1) 給料の支払い単位時間が1分単位でなければならないことを「知っている」が全体の3分の2に及ぶ（66.8%）ものの、実際に「1分単位」で処理されているものは、46.9%にとどまることや、(2) 制服への着替え時間にも賃金が支払われる必要があることを「知っている」のは65.4%であるものの、制服への着替えに賃金が支払われていないという訴えが50.7%に及ぶことにも共通して確認されます。

　もちろん、以上の調査結果は、学生の皆さんの知識が中途半端であることを示すものではまったくありません。むしろ、知ることと権利行使とのあいだの溝を埋めるような、より実践的なワークルール学習・教育の必要性を教える側に迫るものだといえるでしょう。

　加えて、そもそも、まだ十分に知られていないルールもあります。例えば、予定されていた仕事が使用者の責任で休みになった場合の所得補償である休業手当制度は、「あまり知らない」が33.6%、「全く知らない」が26.4%でした。シフトカットや早上がりにも適用される同制度ですが、それぞれ4分の3が、適用されることを「知らない」と回答しています。ゆえに、普段に、「シフトカットの経験があり、なおかつ、休業手当は支払われていない」ものが26.6%、「早上がりの経験があり、なおかつ、休業手当は支払われていない」が32.5%──これを飲食店で働いているものに限定すると、さらに、それぞれ32.0%、51.0%みられました。コロナ禍で注目を集めた休業手当制度ですが、あらためて、知られる必要があります。

3　問題の解決策──労働教育の充実と高等教育無償化による学習権の保障

　以上のような現状に学生が批判意識をもっていないわけではありません。アルバイト先の労働条件や労働環境を改善したいと思ったことがあるものは、実際に改善の行動を起こしたかどうかはともか

く、合計で約6割に及びました。そして、店長などに相談したりトラブル改善をアルバイト先に訴えたりした経験のある者も一定数みられました。何よりも、ワークルールを学ぶ必要性が多くの学生に感じられていました（「とても感じている」が43.2%、「まあ感じている」が47.5%）。教育機関や産業界・労働界はこれにどうこたえていくべきでしょうか。

　適職探しや就業意欲の喚起にとどめず、卒業後の長い職業人生を幸せに送るための力を身につけさせる、そんな教育（現行のキャリア教育の再編）が必要です。憲法や労働法の世界では、働く者は弱い立場であることが前提とされているのはなぜか、「徒党を組む」ことでその地位の向上が要請されているのはなぜかを、自分たちの置かれた状況からリアルに考えさせる、そんな取り組みが関係者に求められています。各種制度の使い方や政治への働きかけの方法を学ぶことも、コロナ禍はリアルな課題として迫っています。アルバイトをめぐる問題は格好の「教材」となるでしょう。

　奨学金やアルバイト収入がなければ大学に通い続けることが困難になる層は少なくないことも、コロナは浮き彫りにしました。私立大学では、入学金を含む初年度納付金は100万円を超えます。実家を出て大学に通う学生への仕送りが減少し、奨学金（という名の「教育ローン」）を利用しているのは大学生の2人に1人という割合です。学費減免と給付型奨学金の支給で構成された高等教育の修学支援新制度が2020年度から始まりましたが、適用対象は極めて限定的です。制度の拡充による学習権の保障が切に求められています。

　最後に、学生の皆さんに課題です。自分たち学生アルバイトの現状を調べてみてください（調査内容や方法は『白書』を参照）。そして、労働法に照らして何か問題はないのか、政策的な課題はないかを「発見」して、社会に発信をしてみてください。多くの学びが得られると思います。健闘を祈ります。

［川村雅則］

〈相談の仕方〉

限られた時間内で充実した相談を行うため、各種相談機関に相談する前に、以下の準備を行っておくと、相談がスムーズに進みます。

①証拠となる資料をそろえる

どのような労働トラブルでも、求人票（求人広告）、労働条件通知書、雇用契約書、就業規則、タイムカード、給料明細は最低限用意しておきたいものです。これらの資料が手元にない場合、使用者に開示するよう頼んでみましょう。もし、使用者が資料を開示してくれない、あるいは資料を保管していないという場合には、その旨を各種相談機関の相談員に伝えましょう。

以下では、労働トラブルの類型別に、特に重要な証拠をリストアップします。

- **採用や労働条件に関すること：**求人票（求人広告）、労働条件通知書、雇用契約書
- **労働時間や賃金に関すること：**タイムカード、出勤簿、シフト表、給料明細、労働時間を記録したメモ（日時、場所、業務内容、同じ時間帯に業務に従事していた従業員氏名）
- **いじめ・嫌がらせ（セクハラ・パワハラなど）に関すること：**いじめ・嫌がらせ行為の録音データ、メール、LINEの履歴、いじめ・嫌がらせ行為を記録したメモやノート（日時、場所、行為の内容、目撃者の有無）など
- **解雇・雇止めに関すること：**労働契約書、就業規則、解雇通知書、解雇理由証明書（退職時証明書）、給料明細

②トラブルの概要を整理する

相談機関によっては相談時間が限られています。また、相談当日は、緊張や不安で思っていることが言えなかったり、必要な情報を伝えきれなかったりすることが考えられるので、トラブルの概要と事実関係を事前に整理しておくことが充実した相談を行うために必

要です。

　たとえば、アルバイト先に関する情報（名称、所在地、事業内容、従業員数など）、労働条件（雇用期間、契約日数、業務内容、労働時間、時給額、各種手当）、労働トラブルの類型（賃金不払い、解雇、いじめ・嫌がらせなど）、トラブルに至った経緯（時系列で整理）、自分の気持ちや希望（不満に感じていることやどのような解決を望んでいるか）等を文書で整理しておくとよいでしょう。

　厚生労働省「学生アルバイトの労働条件に関する自主点検表」も参考になります。

〈相談窓口〉

総合労働相談コーナー

　各都道府県労働局や各労働基準監督署などに設置されています。

　労働条件、募集・採用、解雇、雇止め、いじめ・嫌がらせなどのあらゆる分野の労働問題に関する相談を、専門の相談員が面談あるいは電話で受け付けています。

　労働基準法等の法律に違反する疑いがある場合は、行政指導等の権限を持つ担当部署に取り次ぎ、解決までの相談をワンストップで行っています。

労働基準監督署

　労働時間、賃金、安全衛生、労災保険等についての監督、指導などの事務を行っています。

　労働基準監督署に配置されている労働基準監督官は、労働基準関係法令に基づいてあらゆる職場に立ち入り、法に定める基準を事業主に守らせることにより、労働条件の確保・向上、働く人の安全や健康の確保を図っています。

公共職業安定所（ハローワーク）

仕事を失ってしまった場合の雇用保険制度の利用手続きのほか就職希望者に対し求人紹介や各種支援を行っています。特に、一部のハローワークでは、新卒者、新卒者以外の若者、留学生向けの相談窓口が設けられ、専門の相談員が就職に関する支援を行っています。

労働委員会

労働委員会は労働条件その他労働問題に関する個別的労使紛争の解決を支援する「あっせん」を行っています。

北海道労働委員会

札幌弁護士会（法律相談センター）

札幌弁護士会が開設している法律相談センターでは、賃金不払、解雇、セクハラ、パワハラなどの雇用トラブルについての相談を30分無料で受け付けています。

日本司法支援センター（法テラス）

法テラスは、全国どこでも、誰でも、法的なトラブルの解決に必要な情報やサービスを受けられるよう設立された総合案内所です。労働問題についても、相談等の法的サービスを提供しています。

日本労働弁護団労働ホットライン

日本労働弁護団は、労働者や労働組合の権利を擁護することを目的として設立した全国の弁護士によって組織された団体です。無料で電話相談を受け付けています。

日本労働弁護団北海道ブロック

TEL：011-261-9099　　受付時間：毎週火曜日18～20時